Das Leben ist weise

Gedanken und Bilder

Dorothea Rößler

Bernd Schumacher

1. Auflage 08/2007

Alle Rechte vorbehalten
Gedanken von Dorothea Rößler · Bilder von Bernd Schumacher
Printed in Germany

© Doros-Verlag 2007 · www.doros-verlag.de

ISBN 978-3-9811797-0-5

Das Leben ist weise

*Gewidmet all den Menschen,
die mein Leben so reich machen!*

D. Rößler

Schreiben

Schreiben

Schreiben ist eine seltsame Sache!

Gedanken kommen aus dem Nichts
und formen sich zu Sätzen,
manche kribbeln in den Füßen,
manche liegen einem im Bauch,
andere auf dem Herzen,
einige verschwinden wieder,
andere geben erst Ruhe,
wenn sie aufgeschrieben sind.

Manche Gedanken
sind von Anfang an vollständig,
andere brauchen Tage,
um sich zu entwickeln

Schreiben ist schön!

Regenbogen

Regenbogen

*Oft ist mein Leben
wie ein Regenbogen
in so vielen schillernden Farben
mit allen Nuancen, die man
sich nur vorstellen kann.*

*Aber er beinhaltet auch
Weiß und Schwarz
und auch diese Farben
sind ein Teil meines Lebens.*

*Und nur alles miteinander
ergibt einen richtigen Regenbogen,
eine Einheit, eine Geborgenheit,
auch wenn das Kind in mir
das oft nicht einsehen will!*

Sehnsucht

Sehnsucht

*Mein Körper
will Deine Nähe
möchte Deine Hände spüren
will berührt werden*

*… Warum heute?
… Warum Du?
… Was ist passiert?*

*Möchte Dir sagen
was ich fühle
aber bin nicht sicher
hab Angst
will Dir nicht wehtun
weiß nicht
ob's Spiel oder Realität ist
und nun?*

Phantasie

Phantasie

*Einfach die Augen schließen,
die Schwingen ausbreiten
und in das Land der Phantasie fliegen
– wo alles möglich ist.*

*Wo es keine Bewertung gibt,
kein Richtig oder Falsch
und zu träumen von einer Zukunft
die Du in Deinen
eigenen Farben malen kannst.*

*Wo alles strahlt, die Liebe regiert,
die Natur so pur ist, so ursprünglich
und die Kraft der Gedanken
alles bewirken kann.*

*Auftauchen mit einem Lächeln im Gesicht
betrunken vom Wohlgefühl der Seele*

… die Macht der Phantasie!

Mein Leben

Mein Leben

*Manchmal möchte ich mein Leben
abstreifen können
wie eine Schlange ihre Haut
um alles neu erleben zu können
um nochmal von vorne beginnen zu können*

*Aber auch meine Vergangenheit
gehört zu mir
wie meine Gegenwart
und auch die Zukunft*

*Wie war das?
Die Vergangenheit loslassen
die Zukunft nicht herbeisehnen
sondern in der Gegenwart leben!*

*Wenn's doch nur
so einfach wäre!*

Meine Träume _____

Meine Träume

*Meine Träume
schwer und dunkel
konnt euch
nicht vertreiben*

*Am Rand des Morgens angekommen
die dunklen Gedanken verscheuchen
mit dem Stift in der Hand,
euch aufs Papier bannen,
auf dass ihr dort bleibt*

*Und das Vertrauen
in die Liebe
und dass das Leben
zu mir
zurückkehrt!*

Für Dich _____

Für Dich

Freundschaft –
wie hieß das noch –
Liebe ohne Flügel
wo ich doch so gerne fliege.

Aber mit Dir
ist mir das wohl nicht vergönnt
so bleib ich
mit Dir auf der Erde
aber nicht
ohne ab und zu
vom Fliegen zu träumen!

Nur fühlen

Nur fühlen

In Deiner Nähe ertrinken
einfach nur spüren
einfach nur sein
so schön
und doch
so schnell vorbei

komm mir vor
wie beim heimlichen Naschen
auf dass mich keiner
mit den Fingern
in der Honigdose
erwischt.

Chaos

Chaos

Alles wirr
alles tut weh
Bauch fährt im Kreis
Herz ist außer Takt
Seele irrt umher
nichts an seinem Platz
trotzdem alles ich
trotzdem geliebt werden
halt – stopp
wirr – pause

den Mut haben, es auszusprechen
damit der Schmerz endlich aufhört

ob mir das je gelingt …

Laufen

Laufen

Ein weiter Weg
auch er beginnt
mit dem ersten Schritt
das Ziel ist nicht wichtig
wichtig ist
jeder einzelne Schritt
einer nach dem anderen
nur so kannst Du
Deinen Weg finden
und ihn gehen
und er wird dich
irgendwann an
Dein Ziel bringen

auch wenn Du heute
noch nicht weißt
wo das ist.

Du

Du

*Ich möchte Dir so gerne trauen,
aber das Leben hat mich
anderes gelehrt.*

*Ich möchte so gerne hoffen,
aber ich bin so oft enttäuscht worden.*

*Ich möchte Dich so gerne
bei der Hand nehmen,
aber oft spüre ich nur
Deine Fäuste.*

*Ich möchte so gern mit Dir teilen,
aber Du bist oft so unerreichbar.*

*Ich möchte …
doch was willst Du?*

Loslassen

Loslassen

Sie kommen immer wieder
die Stellen im Leben
wo Loslassen gefragt ist
die Hände
die Seele
das Herz
offen für alles
was kommt und geht

Nur einfach sein
in sich ruhen
ohne Wollen, ohne Müssen
Leben inhalieren
alles tief in sich aufnehmen
aber nichts festhalten
weil Leben
ist Veränderung

Manchmal _____

Manchmal

Manchmal ist mir außen wichtig!

Mögen mich die Leute,
seh ich gut aus,
bin ich erfolgreich.

Manchmal brauche ich
diese Anerkennung.

Dann zieh ich mich zurück nach innen,
und merke, dass ich es bin,
von dem ich die Anerkennung möchte,
merke, dass ich mich lieben muss
mit all den Schwächen und Stärken.

So nehm ich das Kind in mir
in die Arme und verspreche
es immer zu lieben,
egal was passiert.

Einsamkeit

Einsamkeit

Einsamkeit
wie ich dich brauche
um Platz für mich zu haben
um ich sein zu können
gelingt's mir doch nicht immer
in Gesellschaft

Einsamkeit
um meine Weite zu spüren
um Kraft zu tanken
um schreiben zu können
gepaart mit Gleichgewicht
welch schöner Traum

Aber auch Träume
gehen irgendwann
in Erfüllung!

Namen

Namen

*Gegeben am Anfang
des Lebens*

*das Einzige, was
Dir bleibt*

bis ins Grab

Therapiestunden

Therapiestunden

Ihr seid ein seltsames Völkchen
manche sind leicht
wie Tanzstunden
andere wie Gewitterstürme
Tauchgänge in die Abgründe
meiner Seele
Ausflüge in meine Kindheit
Labyrinthgänge
Stunden im Käfig auf und ab laufen
Neues gebären
alte Schätze ausgraben
den freien Fall üben
leuchtende Frühlingswiesen
dunkle Kellerlöcher
gesäumt mit Tränen
gefüllt mit Schmerz
so bringt ihr mich Stück für Stück
zu mir selber zurück
und ich möchte keine
einzige von euch missen.

Untertauchen

Untertauchen

*Manchmal tauch ich ab,
verkriech mich in mich selbst,
schau dem Treiben meines Lebens zu,
mit Abstand und Sicherheit
und wundere mich,
dass mein Leben nicht intensiver ist,
aber wie sollte es,
wenn ich so weit weg bin.*

*Aber dann kehr' ich wieder
und mein Leben und ich
feiern eine Wiedersehensparty
und plötzlich schillert alles
in leuchtenden Farben.*

*Wie war das noch –
„Nichts bringt einen weiter
auf seinem Weg
als eine Pause?"*

Ich!

Ich!

*Wie eine Katze
durch die Stadt streunen,
mal dem Essensduft folgen,
mal sich vom Instinkt leiten lassen,
sich auf den Hinterhoftreppen
in der Sonne räkeln
und sich das Fell putzen.*

*Am Wasser mit dem
eigenen Spiegelbild spielen,
selbstvergessen und eigensinnig,
bis mich das Getrampel der Menschen
aufschreckt und verscheucht.*

Wie denn?

Wie denn?

Zu mir stehen
zu anderen stehen
standhaft sein
stehen gelassen werden
einen guten Stand haben
rumstehen
anstehen
im Weg stehen
…
oder einfach nur

STEHEN?

Begegnungen

Begegnungen

Immer wieder in meinem Leben
darf ich Menschen begegnen
die einzigartig sind.

Jede dieser Begegnungen
macht mich reicher.

Jede Begegnung ist
wie ein Puzzle-Stück
in meinem Leben.

Jede dieser Begegnungen
vervollständigt mich.

Manche Menschen bleiben,
andere gehen wieder aus meinem Leben
aber es spielt keine Rolle,
denn wichtig ist nur,
dass ich ihnen begegnet bin.

Sternschnuppen

Sternschnuppen

Am Lagerfeuer
sich im unendlichen Nachthimmel
verlieren
sich zu den Sternen träumen
mit den Sternschnuppen
in die Tiefe stürzen
sich auf den Schwingen
der Gelassenheit treiben lassen
im Meer der Dunkelheit

um wieder aufzutauchen
in der Zufriedenheit
des Seins.

Seltsamer Tag

Seltsamer Tag

Deine Stimme hören
nach so langer Zeit

Plötzliche Sehnsucht
nach Deiner Nähe
bekommen

Herzklopfen vorm Wiedersehen
bei Dir sein wollen
Dich spüren wollen

Angst vor zu viel Nähe
Sehnsucht nach Berührung

Bin verwirrt!

Nur ein Aufbäumen
des Alleinseins
oder mehr?

Geständnis _____

Geständnis

Es geht mir ab
neben Dir zu stehen
Deinen Standpunkt zu erfahren
Dir beizustehen
Dir zu widerstehen

Ich muss mir eingestehen
dass es schwierig ist
zu meinen Gefühlen
zu stehen

Weiß ich doch
nicht wirklich
wie ich zu Dir stehe

Distanz _____

Distanz

*Eine bizarre,
anstrengende Sache*

*Leute auf Distanz zu halten
fordert Kraft, Ausdauer
und Schnelligkeit*

*Menschen
sich nahe
kommen lassen
fordert dagegen
oft Mut der
eigenen Verletzlichkeit
gegenüber*

Lange Jahre

Lange Jahre

*Lange Jahre habe ich alles getan,
um geliebt zu werden
dabei hätte ich mich fast verloren
dabei habe ich vergessen,
dass Liebe nicht fordert
dabei habe ich vergessen,
dass ich gut für mich sorgen muss
dabei habe ich gelernt,
dass jeder die Verantwortung
für sein Leben selber trägt
dabei habe ich gelernt, dass sich
Geben und Nehmen
das Gleichgewicht halten muss.
Die langen Jahre sind vorbei.*

*Und jetzt steh ich hier
neugierig wie ein Kind
und gespannt, was das Leben
für mich bereithält.*

Auftauchen

Auftauchen

*Auftauchen aus dem
Rausch der Zärtlichkeit
aufwachen in Deinen Armen
versinken in Deinen Augen
eintauchen in diese Geborgenheit
ein kleines Stück
Deiner Seele erhaschen
einen Augenblick die Unsicherheit
des sich Öffnens aushalten
und dann am Rande
der Nacht erwachen
und wissen von dieser
Welle der Zärtlichkeit
getragen zu werden
und nicht in ihr
zu ertrinken!*

Freunde

Freunde

*Sich ab und zu treffen
im Meer der Zeit
ein kurzes Stück
gemeinsam gehen
den anderen genießen
ihn nicht besitzen wollen
ihn nicht einengen
sich nur
an seiner Seele
freuen*

Diese Nacht

Diese Nacht

*Die halbe Nacht
hab ich geredet,
um nicht zu fühlen.*

*Jetzt wo ich allein bin,
fühle ich
und ich fühl' mich
verdammt schlecht
verdammt allein
und fürchterlich traurig,
aber D i c h
hab ich mit einem
Lächeln verlassen,
ob Du meiner Fassade
geglaubt hast?*

Halten!

Halten!

Halt geben – aber nicht einengen
Halt sagen – aber nicht über andere bestimmen
anhalten – aber nicht starr werden
mithalten wollen – aber nicht um jeden Preis
zu jemandem halten –
solange man in die gleiche Richtung blickt
aushalten – aber nicht so lange,
dass man sich selbst verliert

Haltestellen im Leben –
erleben – aber seinen Weg
immer weitergehen
weil das Leben
ist Veränderung
und Stillstand
bedeutet Tod

Freundschaft

Freundschaft

Wie ein Geländer
auf dem schlüpfrigen Weg
des Lebens
wie das Netz
beim Seiltänzer
wie das warme Feuer
im Winter wenn's stürmt
immer einen liebenden Blick
auf mir spüren
Danke fürs Auffangen
der Abgrund war tief

Du bist einer
der wichtigsten Menschen
in meinem Leben

Träume

Träume

Brauchen Träume Zeit?

*Müssen Träume
in Erfüllung gehen?*

*Was passiert,
wenn sie alle wahr werden?*

Ausgeträumt?

Frauen _____

Frauen

Frauen die lesen sind unberechenbar
Frauen die schreiben sind gefährlich

Frauen die denken sind unerwünscht
Frauen die ihren Mann stehen,
stehen oft außerhalb

Frauen die lieben sind in ihrem Element
Frauen die leiden sind Alltag

Frauen die frei sind, sind oft ein Traum
Frauen die träumen sind reich

Frauen die weinen sind stark
Frauen die stark sind, sind oft einsam

ich liebe es,
eine Frau zu sein …

Schmerz

Schmerz

*Immer wieder holst Du mich ein,
wie ein alter Bekannter klopfst Du an,
damit ich dich einlasse.*

*Lässt mich leiden
machst, dass ich mich klein
und schlecht fühle,
nichts wert,
nicht wert, geliebt zu werden,
fallen gelassen werden
Warum ?*

*Was passiert,
wenn ich Dir nächstes Mal
die Tür vor der Nase
zuschlage?*

Hoffnung

Hoffnung

Als Du hier warst
hast Du mir einfach
den Farbenkasten der Hoffnung
in die Hand gedrückt.

Jetzt male ich mein Leben
ganz zaghaft in den
leuchtenden Farben unserer Liebe
aber immer
mit dem Blick über die Schulter
ob Du nicht vielleicht
doch kommst und ihn mir
wieder wegnimmst
mit dem Blick über die Schulter
wann Du endlich kommst
damit wir gemeinsam
malen können.

Dieser Tage _____

Dieser Tage

*Dieser Tage schlägt
meine Phantasie Purzelbäume*

*Meine Träume machen
sich selbstständig*

*Meine Lebenslust
platzt aus allen Nähten*

*Meine Zärtlichkeit
möchte die ganze Welt umarmen*

*Meine Sehnsucht schwappt über
meine Augen leuchten
mein Körper bebt*

Ich lebe!

Zeit

Zeit

---

*Wie oft möchte ich
einfach nur,
dass sie stehen bleibt,
damit das Schöne nicht vergeht.*

*Das Dumme dabei ist,
dass dann
nichts Neues mehr passiert,
dass das Leben stillsteht.*

*Das ist was ganz anderes
als Stille,
das kann schrecklich sein.*

*Deswegen laufe,
wo immer Du hinwillst,
gute Zeit.*

Wege

Wege

*Den eigenen Weg suchen
den eigenen Weg gehen
Wegbegleiter sein
am Wegrand stehen
im Weg stehen
den Weg bereiten
Wege entstehen
beim Gehen ...*

Tränen _____

Tränen

*Den Tag begonnen mit Tränen,
all den ungeweinten Tränen
meiner Kindheit.*

*Dann meine Kraft beschworen,
die Augen geschlossen,
die Sonne gespürt,
die Natur in mich aufgenommen.*

*Und siehe da –
die Tränen versiegen,
sie fühlen sich an
wie Tau
vorm neuen Morgen
kurz bevor
die Sonne wieder aufgeht ...*

Neugier

Neugier

*Der neue Tag erwacht
und mit ihm die Neugier,
was mag er bringen?*

*Die Nacht war ruhig und erholsam,
meine Seele fühlt sich an
wie die leicht gekräuselte Oberfläche
eines Bergsees.*

*Wer oder was wird sich heute
in mir spiegeln?
Wird mich die Sonne verwöhnen
oder zieht ein Wetter auf,
das mich aufwühlen wird?*

Wer kann das in den Morgenstunden schon wissen?

So bleibt mir nur die Neugier …

Suche

Suche

Wonach suchen wir eigentlich?

Nach Dingen von innen,
nach Dingen von außen,
nach angenommen sein …
nach Zufriedenheit …
oder ist die Suche das Ziel?

Und was passiert, wenn
wir „es" gefunden haben?

… ist das ein Ende
oder ein Anfang?

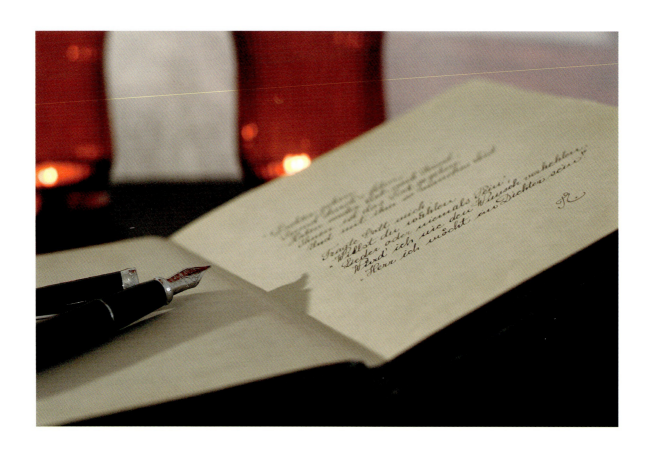

Abends _____

Abends

*Es wird ruhig,
die Sonne geht unter,
gute Gespräche
tropfen durch den Raum.*

*Gemütlichkeit schleicht
sich in die Gedanken.*

*Alles verlangsamt sich,
Geborgenheit macht sich breit.*

*Der richtige Zeitpunkt,
die Gedanken des Tages
auf Papier zu bannen.*

Die Reise

Die Reise

Werft die Angst über Bord,
sie ist kein guter Begleiter,
genießt jeden Tag,
denn kein Tag kehrt je zurück.

Lasst Euch von der Natur inspirieren
und lernt von ihr,
denn sie fragt nicht
nach Sinn und Zweck
oder ob die Zeit reif ist.

Einfach s e i n ist gefragt
obwohl s e i n nie einfach ist.

Schnürt die Liebe ins Gepäck,
die Hoffnung, und nehmt
Eure Sehnsucht mit auf die Reise,
vergesst das Morgen, nur das Heute zählt.

Ich wünsch Euch eine wunderschöne Reise
auf dass sie Euch zu Euch selber führt.

Stehen _____

Stehen

*Mit allen Sinnen
im Hier und Jetzt
verwurzelt
mit Erde und Himmel
geborgen in der eigenen Kraft
unbeweglich
aber nicht starr
in sich ruhend
mit beneidenswerter Harmonie
Anmut und Kraft*

Mir fehlen die Worte!

Lebensbaum

Lebensbaum

*Mein Lebensbaum –
tief verwurzelt und trotzdem oft schwankend
er will dem Himmel entgegenwachsen
doch oft verirren sich die Äste
ein ständiges Streben und Wachsen
doch nicht immer in die allgemein gültige Richtung
oft zurechtgestutzt vom Leben
aber doch nie resigniert wächst er weiter
seine Wurzeln suchen neue Quellen
die ihm Kraft geben und Halt.*

*Knorriger Stamm – geschwungene Äste
schön gezeichnete Blätter –
im Herbst Laub und Vergängnis
im Frühjahr Neubeginn und Wachstum
im Winter Ruhepause um Kraft zu sammeln
und im Sommer einfach dastehen in seiner Pracht
und sich dem Himmel entgegenrecken.*

*Ich wünsch mir, dass du nie aufhörst zu wachsen,
dass du immer wieder neue Kraft bekommst,
immer neue Äste und Blätter treibst
und dass ich auf jeden Jahresring stolz sein kann.*

*Herr, hilf mir die vielen Stürme zu überstehen
und jedesmal wieder neu anzufangen
nur gebeugt zu sein und nie geknickt.*   *Amen*

Dorothea Rößler
Jahrgang 1966, lebt in Augsburg,
nach einer Ausbildung im grafischen Gewerbe
seit vielen Jahren selbstständig,
schreibt seit frühester Jugend,
dies ist ihre erste Veröffentlichung

Bernd Schumacher
Jahrgang 1971, wohnhaft in Augsburg,
nach einer kaufm. Ausbildung kreative Ausrichtung,
seit einigen Jahren freischaffender Fotograf,
bei seinen Arbeiten steht größtenteils
der Mensch im Vordergrund